나를 성장시키는 최고의 습관

하루 5분,
위로가 넘치는
묵상 ♥ 기도문

고린도후서 편

분홍소금 지음

북스원

활용법

《고린도후서》에 대하여

《고린도후서》는 고린도 교회에 보낸 바울의 세 번째 편지입니다. 바울의 두 번째 편지는 고린도 교회에 들어온 거짓 사도들이 바울의 사도성을 의심하고 공격했을 때 쓴 편지인데, 남아 있지는 않습니다. 《고린도후서》에는 고린도 교회의 분란과 공격으로 상처 받은 바울의 인간적 감정이 드러나 있습니다. 얼마나 참담했고 얼마나 고통스러웠는지를 숨기지 않습니다. 그러나 또한 그 고난 중에 얼마나 크고 풍성한 하나님의 위로와 은혜가 임했는지도 전합니다. 내가 약할 때에 하나님께서 더욱 강하게 역사하신다는 것을 간증합니다.

《고린도후서》는 고난과 상처가 있는 곳에 하나님의 은혜와 위로가 임한다는 것을 보여줍니다. 읽고 묵상하고 기도하는 동안 고통과 환란 뒤에 성장과 축복이 있음을 깨닫게 될 것입니다.

하루 5분, 나를 위해 기도해 보세요

- 이 책을 통해 《고린도후서》를 읽고 기도하면서 고난의 시간을 성장하고 성숙하는 훈련의 시간으로 변화시킬 수 있기를 바랍니다.
- 이 책은 30일 동안 《고린도후서》를 읽으며 말씀을 묵상하고 기도할 수 있도록 구성되어 있습니다.
- 하루 중 일정한 시간을 정해 놓고 이 책을 가지고 말씀 읽고 묵상하고 기도해 보세요. 5분이면 충분합니다.
- '오늘의 말씀'을 성경으로 먼저 읽고, 그 말씀 중 이 책에서 뽑은 성경 구절을 가지고 집중적으로 묵상하고 기도해 보세요. 30일 동안 말씀 묵상을 하면서 《고린도후서》 전체를 통독할 수 있습니다.
- 이 책을 가지고 다니면서 출퇴근 길이나 점심 시간, 잠시 친구를 기다리는 시간 등, 짧은 틈을 활용해 읽고 기도해 보세요.
- 나의 기도를 직접 쓰기 어렵다면, '오늘의 기도'를 필사해 보세요.

차례

활용법	2
DAY 1 위로하시는 하나님	8
DAY 2 하나님만 의지하게 하심이라	12
DAY 3 육체의 지혜로 하지 않고	16
DAY 4 그리스도 안에는 '예'만 있을 뿐	20
DAY 5 눈물로 쓴 편지	24
DAY 6 차라리 용서하라	28
DAY 7 우리는 그리스도의 향기	32
DAY 8 마음판에 쓴 편지	36
DAY 9 마음을 덮은 완고한 수건	40
DAY 10 보배를 담은 질그릇	44
DAY 11 날마다 새로워진다	48
DAY 12 행한 대로 받으리라	52
DAY 13 보라, 새 사람이다	56
DAY 14 하나님과 화목하라	60
DAY 15 근심 가운데 기뻐하고	64

DAY 16 멍에를 함께 메지 말라	68
DAY 17 두 종류의 근심	72
DAY 18 있는 대로 하라	76
DAY 19 선한 일에 더욱 조심하라	80
DAY 20 즐겨 내는 자를 사랑하신다	84
DAY 21 감사하면 넘친다	88
DAY 22 우리의 무기	92
DAY 23 외모로 판단하지 말라	96
DAY 24 주께 칭찬 받으라	100
DAY 25 변함없이 그대로	104
DAY 26 약한 것을 자랑한다	108
DAY 27 내 은혜가 네게 족하다	112
DAY 28 고난보다 두려운 것	116
DAY 29 믿음 안에 있는가?	120
DAY 30 하나님이 함께 계시리라	124

하루 5분

위로가 넘치는
묵상 기도문

고린도후서

1 DAY

위로하시는 하나님

오늘의 말씀

1장 1절-7절

너희를 위한 우리의 소망이 견고함은 너희가 고난에 참여하는 자가 된 것 같이 위로에도 그러할 줄을 앎이라.(1:7)

바울은 고린도후서의 본문을 '찬송하리로다'로 시작합니다. 당시 초대교회는 핍박을 당했고, 그리스도인이 된다는 것은 고난을 자초하는 일이었습니다. 그런 가운데서 바울은 고난만큼 하나님의 위로가 넘친다고 말합니다(1:5). 자신이 고난 받는 것은 하나님의 위로를 보여주시기 위함이요, 이를 통하여 모든 그리스도인들이 받는 고난과 위로의 참뜻을 알게 하시고, 구원을 얻게 하려는 것이라고 전합니다. 이것은 그의 입술에서 나온 말이 아니라 그의 체험에서 나온 선포입니다.

바울이 전하는 위로는 단지 말이 아니라 간증입니다. 하나님의 일을 하면서 바울만큼 고난을 겪은 사람도 없지만, 또한 바울만큼 하나님의 은혜를 받고 바울만큼 위대한 업적을 이룬 사람도 없습니다.

바울의 간증은 우리에게도 적용됩니다. 고난이 없으면 위로도 없습니다. 고통이 없으면 성장도 없습니다. 고난 뒤에 위로를 받은 사람은 하나님의 사랑과 하나님의 계획하심을 깨닫게 됩니다. 이것이 그리스도인이 고난 중에도 하나님을 찬송할 수 있는 이유입니다.

하나님의 위로는 내 생각과 계획을 뛰어넘는 방법으로, 하나님께서 정하신 때에 올 것입니다. 믿음으로 그때를 기다리십시오.

오늘의 기도

주님, 고난 뒤에 오는 위로와 찬송의 의미를 깨닫게 해주셔서 감사합니다. 우리가 그리스도인으로 거듭났다 해도 고난을 겪어내지 않고는 성장할 수 없습니다. 주님 이제는 늘 좋을 것을 달라고 떼쓰는 어린아이와 같은 단계에서 벗어나 성장과 온전함을 향해 나아가겠습니다. 고난이 올 때에 하나님의 위로가 예비되어 있음을 믿고 기도하며 이겨 나가겠습니다. 지금의 고난 너머 소망 가운데서 기뻐하고 믿음으로 감사하겠습니다. 예수님의 이름으로 기도합니다. 아멘.

나의 기도

2 DAY

하나님만 의지하게 하심이라

오늘의 말씀

1장 8절-11절

우리는 우리 자신이 사형 선고를 받은 줄 알았으니 이는 우리로 자기를 의지하지 말고 오직 죽은 자를 다시 살리시는 하나님만 의지하게 하심이라.(1:9)

복음 전파의 최전선에서 늘 새 길을 개척해야 했던 바울은 많은 고난을 감수해야 했습니다. 바울은 부활한 예수님을 만나 사도가 되었고, 누구보다 강한 성령 체험을 한 사람이지만, 그의 믿음으로도 '힘에 겨울 정도로'(1:8) 심한 고난이었다고 말합니다.

바울은 두려움을 모르는 사람이 아니었습니다. 고통을 느끼지 못하는 철인이 아니었습니다. 굶주리고, 매를 맞고, 목숨까지 위태로운 순간에는 바울 역시 고통과 두려움에 떨었을 것입니다. 바로 그런 때에 바울은 모든 것을 하나님께 맡겼습니다. 극심한 고난을 오직 하나님만 의지하게 하시려는 뜻으로 받아들이고, 하나님께서 그 고난 가운데서 능히 살리실 것을 믿었습니다.

두려움을 느끼지 않는 것이 아니라 두려움에도 불구하고 나아가는 것이 믿음입니다. 예수님도 죽음의 고난 앞에서 그 잔을 피하고 싶은 마음을 숨기지 않으셨습니다. 그러나 '내 뜻이 아니라 하나님의 뜻대로' 하시라고 기도하셨습니다(누가복음 22:42). 이것이 우리가 따라야 할 믿음입니다.

내 뜻대로 되지 않는다고 실망하지 마십시오. 하나님의 계획하심과 받을 은혜를 바라보고 나아가십시오. 내 계획보다 하나님의 계획이 더 크고 그 열매는 더 풍성할 것입니다.

오늘의 기도

주님, 나에게도 해결해야 할 문제와 극복해야 할 고난이 있습니다. 지금까지는 고난을 두려워하고 문제를 피하려고 했지만, 이제부터는 그 문제와 고난을 은혜의 기회로 바라보겠습니다. 내 힘이 아니라 하나님을 의지하며 극복해 가겠습니다. 부족한 지혜와 용기를 성령으로 채워 주십시오. 내가 약할 때에 주께서 더욱 큰 은혜로 함께하실 것을 믿습니다. 예수님의 이름으로 기도합니다. 아멘.

나의 기도

3 DAY

육체의 지혜로 하지 않고

오늘의 말씀

1장 12절-14절

우리가 세상에서 특별히 너희에 대하여 하나님의 거룩함과 진실함으로 행하되 육체의 지혜로 하지 아니하고 하나님의 은혜로 행함은 우리 양심이 증언하는 바니 이것이 우리의 자랑이라.(1:12)

우리가 흔히 범하기 쉬운 교만함 중에 하나가 과시입니다. 다른 사람보다 학벌이 높거나, 더 전문적인 지식을 갖고 있거나, 남들은 모르는 것을 알고 있다면 자신도 모르는 사이에 오만해질 수 있습니다. 학벌을 앞세워 상대를 무시하거나, 자기가 아는 것을 일방적으로 가르치려 하기도 합니다. 자신의 지식을 과시하며 우위에 서려 하는 것입니다.

바울은 세상의 학식도 높은 사람이지만 성령 체험을 통해 복음의 깊은 진리도 알고 있었을 것입니다. 그러나 그는 육체의 지혜, 즉 자신이 가진 지식을 과시하지 않았습니다. 지식과 현란한 말로 사람들을 현혹하는 거짓 사도들과 달리 바울은 고린도 교회 사람들이 최대한 이해할 수 있도록 말을 하고 글을 썼습니다. 지식을 과시하는 것이 아니라 복음을 깨닫게 하는 것이 목적이었기 때문입니다.

바울의 자랑은 지식이 아니라 고린도 교회였습니

다. 고린도 교회는 갈등과 다툼이 많은 공동체였지만, 바울은 주의 날이 오면 그들이 모든 것을 제대로 깨닫게 될 것을 믿었습니다. 지식은 자랑하기 위한 것이 아니라 돕기 위한 것입니다. 그리스도인들의 자랑은 세상의 지식이 아니라 하나님의 은혜를 따라 이웃을 거룩함과 진실함으로 대하는 것입니다.

오늘의 기도

주님, 다른 이들을 학식과 지위로 평가하는 마음이 있었음을 고백합니다. 예수님께서 낡은 신분 체계와 사회적 편견을 뛰어넘어 모든 사람을 사랑으로 대하셨음을 기억하고, 그 마음을 따라갈 수 있도록 도와주십시오. 내가 가진 지식을 과시하고 자랑하는 교만에 빠지지 않도록 붙들어 주시고, 작은 지식일지라도 배우게 해주신 주의 은혜에 감사하고 사람들을 돕고 이웃을 기쁘게 하는 데에 사용할 수 있도록 지혜를 주십시오. 예수님 이름으로 기도합니다. 아멘.

나의 기도

DAY 4

그리스도 안에는 '예'만 있을 뿐

오늘의 말씀

1장 15절-24절

하나님의 약속은 얼마든지 그리스도 안에서 예가 되니 그런즉 그로 말미암아 우리가 아멘 하여 하나님께 영광을 돌리게 되느니라.(1:20)

바울은 고린도를 방문하겠다고 약속했다가, 가지 않았습니다. 그러자 거짓 사도들은 올 생각이 없었으면서도 말로만 오겠다고 한 위선자라고 바울을 비난했습니다.

바울이 고린도에 가겠다고 한 것은 그리스도 안에서 한 결정이었습니다. 속으로는 '아니(가지 않겠다고)'라고 생각하면서 겉치레로 '예(가겠다)'라고 한 것이 아닙니다. 그리스도 안에서는 '예'라고 하면서 '아니오'가 될 수 없습니다. 그리스도 안에서 겉과 속이 다른 두 마음을 품을 수 없기 때문입니다. 그러나 그리스도 안에서 한 결정을 바꾸어야 할 때는 있습니다.

바울이 고린도에 가지 않은 것은 그들의 문제를 자신들의 믿음으로 해결하게 하기 위해서였습니다. 고린도 교회를 자신의 권위로 지배하지 않겠다고 생각한 것입니다. 그들이 이미 튼튼한 믿음 위에 서 있다고 믿었기 때문입니다. 바울의 결정은 모순적인 것

같지만 두 번 모두 그리스도 안에서, 그리스도의 영광을 위해서 한 "예"였습니다. 결정은 바뀔 수 있습니다. 중요한 것은 주 안에서 기도하고 주 안에서 실행하는 것입니다.

오늘의 기도

주님, 예수 그리스도 안에서는 예와 아니오가 동시에 있을 수 없고, 오직 "예"만 있을 뿐이라는 말씀을 되새겨봅니다. 입으로는 "예"라고 말하면서도 마음으로는 "아니오"라고 생각한 적은 없는지 돌이켜봅니다. 한 가지 일에 두 마음을 품고, 입으로 기도하면서도 마음으로 의심한 적이 있었음을 회개합니다. 주님, 어떤 일에든 나의 계산이 아니라 하나님의 약속을 믿는 믿음 위에 서기 원합니다. 주어진 일, 해야 할 일에 진실로 "예"라고 대답하고, "아멘"으로 영광 돌리는 믿음의 사람이 되게 해주십시오. 예수님 이름으로 기도합니다. 아멘.

나의 기도

5 DAY

눈물로 쓴 편지

오늘의 말씀

2장 1절-4절

내가 마음에 큰 눌림과 걱정이 있어 많은 눈물로 너희에게 썼노니 이는 너희로 근심하게 하려 한 것이 아니요 오직 내가 너희를 향하여 넘치는 사랑이 있음을 너희로 알게 하려 함이라.(2:4)

고린도전서와 고린도후서 사이에 바울이 보낸 또 한 통의 편지가 있었습니다. '거짓 사도들로 인해 분란이 생긴 고린도 교회에 대한 근심'과 '곧 고린도로 가겠다'는 내용의 편지였습니다. 그 편지를 읽은 고린도 교회 사람들은 바울이 오는 것에 대한 근심과 두려움을 갖게 되었습니다.

그러나 바울의 그 편지는 고린도 교회 사람들을 생각하며 눈물로 쓴 것이었습니다. 괴로운 심정으로 썼지만, 교회를 사랑하는 마음을 전하고 싶었던 것이지 두려움과 근심을 갖게 하려고 쓴 것이 아니었습니다(2:4).

바울은 자신이 고린도 교회에 가는 것이 몇몇 사람들을 고통스럽게 하고, 그로 인해 자신의 마음도 아프게 되리라는 것을 알고 있었습니다. 결국 바울은 고린도에 가지 않았고 그들 스스로 문제를 해결하길 바랐습니다. 거짓 선동에 휩쓸려 자신을 의심하고 비난한 사람들일지라도 회개하고 돌아오기를 바랐습니다. 냉정한 심판보다는 회심을 더 기쁘게 여겼습니다.

죄를 벌하기보다 용서하고 감싸안은 그리스도의 사랑을 그대로 보여준 것입니다.

오늘의 기도

주님, 거짓 사도들에 휘말려 바울을 비방하는 고린도 교회 사람들을 보면서 나도 남의 말에 휘둘려 다른 사람의 마음을 아프게 한 적은 없었는지 생각해 봅니다. 주님, 허울 좋은 겉모습이나 그럴듯한 언변에 속지 않도록 지켜 주십시오. 주의 말씀과 기도를 통해 참과 거짓을 분별하게 하시고, 진리의 편에 서도록 성령께서 함께해 주십시오. 심령이 연약하여 나에게 상처를 준 사람을 용서하게 하시고, 형제의 허물을 사랑으로 감싸안을 수 있는 믿음을 주십시오. 예수님 이름으로 기도합니다. 아멘.

나의 기도

6 DAY

차라리 용서하라

오늘의 말씀

2장 5절-11절

그런즉 너희는 차라리 그를 용서하고 위로할 것이니 그가 너무 많은 근심에 잠길까 두려워하노라 그러므로 너희를 권하노니 사랑을 그들에게 나타내라.(2:7-8)

바울은 자신을 비방하고 교회에 분란을 일으킨 사람을 사랑으로 품습니다. 이미 벌을 받았으니, 이제 그를 용서하고 위로하라고 당부합니다. 그가 실족할까 염려한 것입니다.

바울은 분란을 일으킨 사람들을 내쫓거나 심하게 벌하는 것은 사탄의 계책에 걸려드는 것이라고 말합니다. 행한 대로 갚는다는 방식이나 감정적인 분풀이를 하는 방식은 문제를 해결하지 못합니다. 갈등의 강도는 높아지고 감정의 골은 더욱 깊어질 뿐입니다. 그것이야말로 사탄이 바라는 바입니다. 바울은 비록 자신을 비방하고 모욕한 사람일지라도 사탄의 마수에 걸려 넘어지지 않기를 바랐습니다

바울은 죄인을 벌하기보다 '차라리 용서하라'고 말합니다. 고린도 교회가 이 말에 순종하는지 보겠다며 강력하게 요청합니다.

용서는 하기 힘든 순종입니다. 나를 비방하고 나에

게 해를 끼친 사람을 용서하기는 어렵습니다. 그러나 하기 쉽고 편한 것만 순종하고, 어렵고 힘든 일은 거부한다면 믿음이 없는 자와 다를 것이 없습니다.

오늘의 기도

주님, 용서가 얼마나 귀한 것인지는 알지만, 순종하기는 어려운 말씀입니다. 그러나 '우리에게 죄 지은 자를 사하여 준 것같이 우리 죄를 사하여 주시고'라는 주의 기도가 진정한 나의 기도가 되려면 용서해야 함을 압니다. 주님, 나에게 악한 일을 하고, 나를 고통에 빠뜨린 자들을 더 이상 떠올리지 않게 해주십시오. 그를 미워하는 마음도 차츰 사라지게 해주십시오. 성령께서 함께해 주실 때만이 용서할 수 있습니다. 그를 용서하는 것이 곧 나를 위한 것임을 진정으로 깨닫고, 진심으로 용서할 수 있도록 도와주십시오. 예수님 이름으로 기도합니다. 아멘.

나의 기도

7 DAY

우리는 그리스도의 향기

오늘의 말씀

2장 12절-17절

항상 우리를 그리스도 안에서 이기게 하시고 우리로 말미암아 각처에서 그리스도를 아는 냄새를 나타내시는 하나님께 감사하노라 우리는 구원받는 자들에게나 망하는 자들에게나 하나님 앞에서 그리스도의 향기니.(2:14-15)

고린도 교회의 분란에서 알 수 있듯이, 초대교회 당시에는 하나님의 사도를 자처하는 사람들이 많이 있었습니다. 새번역 성경은 그들을 "하나님의 말씀을 팔아서 먹고 사는 장사꾼"(2:17)이라고 했습니다. 하나님의 말씀을 빙자하여 자신들의 사익을 추구하고, 사람들이 듣기 좋아하는 말만 해대는 자들이란 뜻입니다. 그들은 사람들을 현혹하여 명예를 얻고 신망을 받으려 했을 것입니다. 그런 사람들에게서는 달콤한 냄새가 날 수 있지만 그것은 그리스도의 향기가 아닙니다.

그리스도의 향기는 누구에게나 좋은 것이 아닙니다. 진정한 복음 전도자는 사망과 생명 양쪽 모두에게 향기를 낼 수 없습니다. 사망의 길로 가는 사람은 사망의 냄새를, 생명의 길로 인도된 사람은 생명의 향기를 맡습니다.

바울은 생명의 향기를 내는 사도였습니다. 사람들

에게 듣기 좋은 말이 아니라 오직 하나님의 말씀을 전했습니다. 그는 삯꾼 전도자들과 경쟁하기보다, '그리스도를 아는 지식의 향기를 어디서나 풍기는'(2:14) 하나님의 사도로 사는 길을 택했습니다. 세속의 영광이 아니라 그리스도 안에서의 승리를 원했기 때문입니다.

오늘의 기도

주님, 그리스도를 믿는다 하면서 거짓 사도처럼 살지는 않았는지 돌아봅니다. 사람들에게 잘 보이기 위해 듣기 좋은 말을 하거나, 유불리를 따져 이리저리 흔들리지 않았는지 돌이켜봅니다. 내 마음은 그리스도의 향기를 내는 사람으로 살기 원하지만 주의 도우심이 없으면 그 길을 감당할 수 없습니다. 다른 이들과 화합하여 일하되 불의와 타협하지 않도록 도와주십시오. 일상의 작은 일에서부터 그리스도의 향기를 내는 사람이 되도록 늘 함께해 주십시오. 예수님 이름으로 기도합니다. 아멘.

나의 기도

8 DAY

마음판에 쓴 편지

오늘의 말씀

3장 1절-6절

너희는 우리로 말미암아 나타난 그리스도의 편지니 이는 먹으로 쓴 것이 아니요 오직 살아계신 하나님의 영으로 쓴 것이며 또 돌판에 쓴 것이 아니요 오직 육의 마음판에 쓴 것이라.(3:3)

바울은 예수님을 부활 이후에 영접했습니다. 그래서 베드로처럼 예수님과 함께 생활한 제자들과 동등한 사도로 인정하지 않으려는 사람들이 있었습니다. 또 당시에는 거짓 사도들도 나타났기 때문에 교회가 추천서를 써 주어서 믿을 만한 사도임을 보증하기도 했습니다.

바울은 자신의 사도성을 의심하는 사람들에게 교회의 추천서가 필요한지 반문합니다. 어처구니없는 심정을 표현한 것입니다. 고린도 교회가 자체가 그의 추천서요 보증서입니다. 그가 고린도 교회를 세웠기 때문입니다. 바울은 고린도 교회를 '먹이 아니라 하나님의 영으로, 돌판에 쓴 것이 아니라 마음판에 쓴' 그리스도의 편지라고 표현합니다. 이보다 더 확실한 보증서도 추천서도 있을 수 없습니다.

바울은 옛 율법 조문을 따라 임명된 것이 아니라 예수님이 직접 부른 사도였습니다. '영으로 새 언약을 받은 일꾼'(2:6)이었습니다. 그러나 사람들은 여전히 죽은 문자로 쓴 보증과 추천서에서 벗어나지 못하고 있었습니다.

오늘의 기도

주님, 예수님께서는 우리에게 새로운 언약을 주러 오셨지만, 우리는 아직도 낡은 생각에 갇혀 있을 때가 많습니다. 바울에게 종이로 된 보증서를 원하는 고린도 교회 사람들처럼 나도 주의 살아계심을 보여주는 더 많은 증거를 요구하곤 합니다. 그러나 주님, 내가 곧 하나님의 살아계심을 보여주는 증거가 되어야 함을 깨닫습니다. 이제부터 주 안에서 나의 변화된 모습이 하나님의 살아계심을 증거하는 보증서요, 그리스도의 추천서가 되기를 원합니다. 주의 말씀을 마음판에 새기고 살아계신 하나님을 증거하는 삶을 살 수 있도록 도와주시옵소서. 예수님 이름으로 기도합니다. 아멘

나의 기도

DAY 9

마음을 덮은 완고한 수건

오늘의 말씀

3장 7절-18절

그들의 마음이 완고하여 오늘까지도 구약을 읽을 때에 그 수건이 벗겨지지 아니하고 있으니 그 수건은 그리스도 안에서 없어질 것이라 오늘까지 모세의 글을 읽을 때에 수건이 그 마음을 덮었도다.(3:14-15)

모세가 시내산에서 돌판에 새긴 율법을 받아 왔을 때 그의 얼굴에 광채가 나서 사람들은 감히 그를 쳐다볼 수 없었습니다. 시간이 지나면서 그 광채는 점점 사라져 갔고, 모세는 그것을 숨기려고 얼굴에 수건을 썼습니다. 그러자 사람들은 모세 얼굴을 가린 수건을 숭배하기 시작했고, 그 수건은 율법의 권위를 나타내는 상징이 되었습니다.

광야를 떠돌았던 모세 시대에는 율법과 얼굴 광채와 수건이 필요했습니다. 그러나 복음의 시대가 열리자 율법의 영광도 모세의 수건도 그리스도 안에서 사라졌습니다. 그리스도께서 율법에 갇혀 있던 우리를 사랑으로 구원하셨기 때문입니다. 그런데도 여전히 사람들은 그리스도의 복음을 모세의 율법에 의거해 판단하려 했습니다. 그것은 복음에 율법의 수건을 덧씌우는 것입니다.

그리스도의 복음은 율법의 틀을 뛰어넘습니다. 옛

권위는 존중되어야 하지만 그것에 갇혀 있어서는 발전하고 성장할 수 없습니다. 우리의 신앙은 율법으로 선악을 가리는 수준을 넘어, 그리스도의 사랑으로 복음의 지경을 넓히고, 적극적으로 내 주변의 사람들을 구원하는 데까지 나아가야 합니다.

오늘의 기도

주님, 말씀을 읽을 때에 온전히 내 마음을 비춰 보며 묵상하지 못하고, 주님의 말씀을 알고 있는 것만으로 만족하려는 마음이 있습니다. 주님, 이제 주님의 말씀이 듣기 좋은 글귀에 그치는 것이 아니라 내 삶에 적용할 수 있는 살아있는 말씀이기를 원합니다. 주의 말씀을 읽을 때에 모세의 수건처럼 덧씌워진 권위 있는 해석에 머물기보다 지금 나에게 주시는 의미를 깨달을 수 있는 지혜를 주시고, 실천할 수 있는 믿음을 주십시오. 예수님의 이름으로 기도합니다.

나의 기도

10 DAY

보배를 담은 질그릇

오늘의 말씀

4장 1절-15절

우리가 이 보배를 질그릇에 가졌으니 이는 심히 큰 능력은 하나님께 있고 우리에게 있지 아니함을 알게 하려 함이라.(4:7)

바울은 복음을 전할 때에 더 빨리, 더 많은 성과를 얻는 길을 택하지 않았습니다. 자기 지식을 자랑하거나 말씀을 왜곡하지 않았습니다(4:2). 하나님의 일은 자신의 능력으로 하는 것이 아님을 알았기 때문입니다. 우리도 어떤 일을 하든 이와 같은 자세로 임해야 합니다.

복음을 받아들인 사람들은 '보배를 가진 질그릇'(4:7)입니다. 우리의 겉모습은 질그릇이지만 그 안에 담긴 보배로 인해 힘이 생겼습니다. "사방에 적들이 둘러싸고 있어도 위축되지 않고, 답답한 일이 생겨도 낙심하지 않으며, 박해를 받아도 꿋꿋하고, 거꾸러져도 망하지 않습니다"(4:8-9). 우리 안에는 보배, 즉 어떤 힘으로도 무너뜨릴 수 없는 하나님의 빛이 있기 때문입니다. 흔하고 약하고 보잘것없는 질그릇이지만 보배를 담았으므로, 강하고 귀하게 변화된 것입니다.

자신에게 실망하거나 위축되는 마음이 생길 때가 있습니까. 자신의 무능력함에 한탄할 때가 있습니까. 어느 순간이라도 자신이 귀한 보물을 담은 질그릇임을 잊지 마십시오. 보물을 담고 있는 한 우리는 하나님의 귀한 능력을 가진 것입니다.

오늘의 기도

하나님, 내 안에 보배를 지니고 있음을 잊고, 내가 보잘것없는 질그릇인 것을 원망하는 마음이 들 때가 있습니다. 그것은 한 달란트 받은 종처럼 내 안의 보배를 묻어 두고 아무것도 하지 않는 어리석은 자와 같습니다. 힘들고 어려울 때일수록 내가 하나님의 보배를 지니고 있음을 기억하게 해주십시오. 사방이 막혀 답답할 때도 낙심치 않고 넘어져도 절망하지 않으며, 소망이 끊어진 것 같은 순간에도 주께서 주신 빛과 능력으로 일어서게 해주십시오. 예수님 이름으로 기도합니다. 아멘.

나의 기도

11 DAY

날마다 새로워진다

오늘의 말씀

4장 16절-18절

그러므로 우리가 낙심하지 아니하노니 우리의 겉사람은 낡아지나 우리의 속사람은 날로 새로워지도다 우리가 잠시 받는 환난의 경한 것이 지극히 크고 영원한 영광의 중한 것을 우리에게 이루게 함이니.(4:16-17)

∽

 우리는 자신이 감당해야 하는 고난이나 시험이 과중하다고 생각하곤 합니다. 평탄하고 풍요롭게 사는 사람들을 보면 부당하고 억울한 생각이 듭니다. 그러나 평탄하고 풍요로운 것 같은 사람들도 지고 있는 짐이 있습니다. 누구의 짐이 더 무겁고 지기 힘든지는 우리가 판단할 수 없습니다. 보이는 것만으로 그 무게를 잴 수 없기 때문입니다.

 바울은 전도 여행 동안 온갖 박해와 고난을 겪었습니다. 그러나 자신이 받는 환란을 '가볍다'고 말합니다(4:17). 바울에게 환란은 장차 올 영광의 그림자였습니다. 따라서 환란 때문에 낙심하지 않았고, 다른 사람의 짐과 자신의 짐을 비교하며 불평하지 않았습니다. 오히려 이렇게 말합니다. '겉사람은 낡아지나 속사람은 날마다 새로워진다. 우리의 작은 환란으로 우리가 큰 영광을 이룬다'(4:16-17).

 우리는 각기 다른 짐을 지고 있습니다. 믿음 가운

데 살아도 고난을 겪습니다. 그러는 동안 겉사람은 낡아집니다. 그러나 거듭난 속사람은 날마다 새로워지고 강해지고 풍요로워집니다. 우리 안에 보물, 하나님의 빛을 지녔기 때문입니다.

오늘의 기도

주님, 똑같은 환난이라도 어떻게 받아들이는가에 따라 그 무게가 달라지고 의미가 달라지고 결과가 달라지는 것을 깨닫습니다. 주님 나에게 오는 환란을 믿음의 눈으로 바라볼 수 있기를 원합니다. 그 시간을 고통과 불평과 원망으로 채우면서 헛되이 보내지 않도록 함께해 주십시오. 이제 고난을 두려워하고 원망하기보다 환란과 고난 뒤에 얻을 능력과 성장할 믿음을 바라보겠습니다. 역경과 환란이 나의 겉사람은 낡게 할지라도 속사람은 날마다 새로워지고 강해지고 풍요로워질 것을 믿습니다. 예수님의 이름으로 기도합니다. 아멘.

나의 기도

12 DAY

행한 대로 받으리라

오늘의 말씀

5장 1절-10절

그런즉 우리는 몸으로 있든지 떠나든지 주를 기쁘시게 하는 자가 되기를 힘쓰노라.(5:9)

바울은 우리 몸을 땅에 있는 장막 집으로, 우리 영혼은 하늘에 있는 영원한 집으로 비유합니다(5:1). 그리스도를 만난 우리는 육체에 하늘의 생명을 덧입은 것입니다.

육체를 입은 인간은 육체의 즐거움을 따라, 감각을 만족시키는 일에 몰두하기 쉽습니다. 부와 명예를 얻기 위해 하나님을 등지고 양심을 버리기도 합니다. 그러나 육체를 입은 삶은 잠깐입니다. 육신의 편안함과 풍요를 위해 사는 것은 모래 위에 성을 쌓는 것입니다. 무너지고 사라질 것을 위해 사는 인생은 아무리 열심히 살아도 허망할 뿐입니다.

바울은 '우리가 반드시 그리스도의 심판대 앞에서 선악간에 그 몸으로 행한 것을 따라 받는다'(5:10)고 말합니다. 우리 몸은 세상에 속해 있지만 우리 행함은 하나님 나라에 있어야 합니다. 몸은 세상에 속해 있지만 믿음의 눈으로 보고, 믿음으로 행동해야 합니다.

　세상의 것들은 낡고 곧 사라지지만 믿음 위에 세운 것은 하늘에 기록되어 사라지지 않습니다.

오늘의 기도

주님, 우리는 오늘도 성공을 위해 애쓰고 있습니다. 눈에 보이는 것들을 비교하고 더 많은 것을 얻으려고 경쟁하면서, 때로는 거칠어지고 때로는 비굴해집니다. 내 삶의 목적과 소망이 어디에 있는지를 자주 잊고 좌충우돌합니다. 그 결과의 허망함을 알면서도 세속적 성공의 유혹과 욕망에서 벗어나기가 쉽지 않습니다. 주님, 내가 눈에 보이는 세상의 풍조를 따라 사느라 보이지 않는 주님을 잊지 않도록 늘 일깨워 주십시오. 사람들에게 보이려고 허영과 교만으로 행하지 않게 하시고 믿음으로 주께서 기뻐하는 일을 행할 수 있도록 지켜 주십시오. 예수님 이름으로 기도합니다. 아멘.

나의 기도

13 DAY

보라, 새 사람이다

오늘의 말씀

5장 11절-17절

그런즉 누구든지 그리스도 안에 있으면 새로운 피조물이라 이전 것은 지나갔으니 보라 새 것이 되었도다.(5:17)

그리스도께서 우리를 대신해 죽으신 것은 우리가 헛된 욕망을 위해 살지 않고, 그리스도를 위해 살게 하기 위해서입니다(5:15). 그리스도를 위해 사는 것은 무엇입니까. 그리스도의 사랑과 복음의 위대함을 사람들에게 전하는 것입니다. 복음을 전하는 가장 좋은 방법은 내 삶으로 증거하는 것입니다. 그리스도의 사랑으로 거듭난 삶, 이전과는 다른 변화된 삶을 사는 것입니다.

바울은 그리스도를 만난 이후에 새로운 피조물이 된 사람입니다. 삶의 방향이 완전히 바뀌었습니다. 그 결과 땅과 하늘에 그 이름이 기록되었습니다.

우리 삶도 바뀌어야 합니다. 세상의 잣대에서 벗어나 그리스도 안에서 자유롭게 사십시오. 보이는 것만을 좇는 삶에서 벗어나지 않으면 괴로움에서도 벗어날 수 없습니다. 세상의 환호는 순식간에 비웃음으로 바뀌고, 욕망은 만족을 모릅니다.

그리스도를 만난 우리는 '새로운 피조물'입니다 (5:17). 그리스도 안에서 새로운 비전을 세우고 삶의 방향을 바꾸십시오. 이전 것은 이미 지나갔습니다. 오늘의 우리는 '새 사람'입니다. 어제의 낡은 모습에 매달리지 마십시오. 지금 이 순간 새 사람을 입고, 새 삶을 사십시오.

오늘의 기도

주님, 제가 그리스도를 만났으므로 이제 새로운 피조물인 것은 압니다. 그런데 옛 사람을 단번에 벗어 버리기가 어렵습니다. 이전과는 다른 비전을 가지고, 이전과는 다른 새 삶을 살고 싶은데 마음처럼 잘 되지 않습니다. 주님, 그러나 포기하지 않게 도와주십시오. 어제의 내 부끄러운 모습 때문에 달라질 수 있는 오늘까지 포기하지 않겠습니다. 어제는 지나갔으니 지난 일에 얽매이지 않겠습니다. 주 안에서 날마다 새로워지는 사람이 되겠습니다. 주께서 함께해 주십시오. 예수님의 이름으로 기도합니다. 아멘.

나의 기도

14 DAY

하나님과 화목하라

오늘의 말씀

5장 18절-21절

그러므로 우리가 그리스도를 대신하여 사신이 되어 하나님이 우리를 통하여 너희를 권면하시는 것 같이 그리스도를 대신하여 간청하노니 너희는 하나님과 화목하라.(5:20)

바울은 하나님께서 죄를 알지 못하신 예수님을 우리를 대신하여 죄로 삼으신 이유가 "우리로 하여금 그 안에서 하나님의 의가 되게 하려 하심"(5:21)이라고 말합니다.

'하나님의 의'는 내 힘으로 이룰 수 없습니다. 선행이나, 착함이나, 도덕으로 하나님의 의를 이룰 수 없기 때문입니다. 인간의 기준은 인간의 한계를 넘을 수 없습니다. 하나님의 의를 이룰 수 있는 분은 오직 하나님 한 분이십니다. 그런데 하나님께서 그 한계를 뛰어넘게 해주셨습니다. 예수 그리스도를 화목재로 삼으사, 우리가 '예수 그리스도 안에 있는 것'으로 하나님의 의를 이룰 수 있게 하신 것입니다. 이는 하나님의 은혜로만 가능한 신비입니다.

바울은 말합니다. "너희는 하나님과 화목하라"(5:20). 이 말은 믿지 않는 사람들에게 한 말이 아닙니다. 이미 그리스도를 영접한 고린도 교회 사람들에게 간청한 것입니다.

    교회에 다니고 기도하는 것으로 하나님과 화목하게 지내고 있다고 생각하십니까. 내 뜻을 이루어 달라는 고집과 이루어지지 않았을 때의 한탄을 기도라고 여기고 있지는 않습니까.

오늘의 기도

주님, 내가 하나님께 직접 맞서지는 않았지만 불평과 불만은 있었습니다. 하나님이 원하시는 일보다 내가 원하는 방향으로만 가려 했습니다. 하나님과 화목함은 언제나 하나님의 계획을 믿고 하나님을 따르는 것인데 내 뜻을 고집하고 내 마음대로 하려 했음을 고백합니다. 이제 하나님과 화목하게 살기 원합니다. 하나님의 뜻을 제대로 깨달을 수 있는 지혜를 주시고 그 뜻대로 사는 믿음의 사람이 되게 해주십시오. 예수님 이름으로 기도합니다. 아멘.

나의 기도

15 DAY

근심 가운데 기뻐하고

오늘의 말씀

6장 1절-10절

근심하는 자 같으나 항상 기뻐하고 가난한 자 같으나 많은 사람을 부요하게 하고 아무것도 없는 자 같으나 모든 것을 가진 자로다.(6:10)

우리는 성령이 함께하면 모든 싸움에서 이기고, 하나님의 은혜가 임하면 아무 걱정이 없어야 할 것처럼 생각합니다. 그러나 바울의 삶은 그렇지 않다는 것을 보여줍니다. 바울은 성령의 사람이지만 그의 사역에는 영광과 수치, 칭찬과 비난이 함께 있었습니다 (6:7-8).

하나님이 함께하심에도 우리의 삶은 모순된 것들이 반복됩니다. 고통과 치유, 고난과 극복, 갈등과 화해, 슬픔과 기쁨이 교차합니다. 우리는 하나님의 은혜로 구원을 얻었지만, 우리 삶 전체가 성화된 것은 아닙니다. 그것은 단번에 이루어질 수 없습니다. 따라서 우리는 성령과 함께하는 훈련을 계속해 나가야 합니다. 하나님의 사람은 옛 사람에 갇혀 있기를 거부하고 새 사람을 되기를 소망하기 때문입니다.

그렇게 하나님과 함께하는 사람이 "근심하는 자 같으나 항상 기뻐하고 가난한 자 같으나 많은 사람을 부요하게 하고 아무것도 없는 자 같으나 모든 것을 가진 자"(6:10)입니다. '근심하는 자 같으나 항상 기뻐한다'는 말은, 근심할 만한 고난이 있음에도 기쁘게 살아간다는 뜻입니다. 그는 가난한 자 같으나 많은 사람을 부요하게 할 수 있는 사람입니다. 그런 사람은 아무것도 없는 것처럼 보여도 모든 것을 가진 사람입니다. 모든 것의 주인이신 하나님이 함께하는 사람이기 때문입니다.

오늘의 기도

하나님, '근심하는 자 같으나 항상 기뻐하고, 아무것도 없는 자 같으나 모든 것을 가진 자'라는 말씀이 은혜가 됩니다. 근심이 없어서 기뻐하는 것이 아니라 근심 중에도 주님의 계획을 믿음으로 기뻐하는 자가 되게 해주십시오. 가진 것이 많아서 가 아니라 하나님이 내 편이시니 즐거워하는 믿음의 사람이 되게 해주십시오. 예수님 이름으로 기도합니다. 아멘.

나의 기도

16 DAY

멍에를 함께 메지 말라

오늘의 말씀

6장 11절-18절

너희는 믿지 않는 자와 멍에를 함께 메지 말라 의와 불법이 어찌 함께하며 빛과 어둠이 어찌 사귀며 그리스도와 벨리알이 어찌 조화되며 믿는 자와 믿지 않는 자가 어찌 상관하며.(6:14-15)

"믿지 않는 자와 함께 멍에를 메지 말라"는 말씀은 종종 갈등과 오해를 불러옵니다. 마치 믿지 않는 사람들과는 어떤 일도 해서는 안 된다는 뜻으로 받아들이기 때문입니다. 그런데 고린도전서 5장 10절에서 바울은 이렇게 말합니다. "이 말은 이 세상의 음행하는 자들이나 탐하는 자들이나 우상 숭배하는 자들을 도무지 사귀지 말라 하는 것이 아니니 만일 그리하려면 너희가 세상 밖으로 나가야 할 것이라."

그렇습니다. 믿지 않는 자들과 사귀지 않으려면 세상 밖으로 나가야 합니다. 우리가 세상에서 살아가는 동안에는 믿지 않는 자들과 어울려 살아가야만 합니다. 믿는 사람들끼리 살 수도 없지만 그렇게 해서는 하나님 나라의 지경을 넓힐 수도 없습니다.

'믿지 않는 자와 함께 멍에를 메지 말라'는 말씀은 하나님의 일을 한다는 명분으로 악한 자들과 손잡거나 불의한 세력을 끌어들이지 말라는 뜻입니다. 하나님의 사역을 한다고 하면서 수단과 방법을 가리지 않는 자들을 경계한 것입니다. 이런 사람들은 말로는 하나님의 사업을 앞세우지만 그 뒤에 자신의 사익을 숨기고 있습니다.

불의한 자들과 불의한 방법으로 이익을 취하려 하지 마십시오. 그런 이익은 멸망으로 이끄는 덫이 될 뿐입니다.

오늘의 기도

주님, 우리는 때때로 두 마음을 품고 두 주인을 섬기려 합니다. 돈과 명예의 우상을 숭배하고 성공을 위해 악한 것과도 손잡으려는 어리석은 마음이 있습니다. 주님, 악한 것들과 함께 죄의 멍에를 메지 않도록 이 마음을 지켜 주십시오. 하나님을 앞세워 자기 이익을 구하는 자들을 분별하게 도와주시고, 힘들고 어려운 때일수록 악한 덫에 빠지지 않도록 지켜 주십시오. 예수님 이름으로 기도합니다. 아멘.

나의 기도

17 DAY

두 종류의 근심

오늘의 말씀

7장 1절-16절

하나님의 뜻대로 하는 근심은 후회할 것이 없는 구원에 이르게 하는 회개를 이루는 것이요 세상 근심은 사망을 이루는 것이니라.(7:10)

우리는 삶에 아무런 풍파도 근심도 없기를 바랍니다. 모든 일이 순풍에 돛 단 듯 순조롭게 나아가기를 기도합니다. 그러나 그런 삶에는 선한 변화가 있을 수 없습니다.

근심도 풍파도 없으면 회개도 기도도 새로운 시도도 없습니다. 하나님에 대한 간절함도 믿음도 점점 옅어지고 안일함과 교만이 머리를 들게 됩니다.

근심에는 세상이 준 근심과 하나님이 주신 근심이 있습니다. 어떻게 하면 경쟁에서 이길까, 어떻게 하면 더 큰 이익을 얻을까는 세상의 근심입니다. 그러나 하나님 뜻대로 하는 근심은 '하나님 앞에서 두렵게 하고, 간절하게 하고 사모하게 하고 열심 있게 하는 근심'(7:11)입니다. 이 과정을 통해 자신을 점검하고 성찰하게 하는 것입니다.

하나님의 뜻에 맞게 하는 근심은 하나님께 더 가까이 나아가게 합니다. 성장을 위한 훈련이므로 두려

위할 것이 없습니다. 그 근심 뒤에는 큰 위로와 기쁨이 기다립니다.

지금 근심하고 있는 것이 있습니까. 그 근심은 세상의 근심입니까. 하나님이 주시는 근심입니까.

오늘의 기도

주님, 근심에 두 가지가 있음을 알았습니다. 내가 지금 하고 있는 근심이 과연 하나님이 주시는 근심인지, 내 욕심 때문에 생긴 근심인지 돌아보겠습니다. 내 욕심으로 생긴 근심인데도 하나님 핑계를 대고 있는 것은 아닌지 묵상해 보겠습니다. 주님 나에게 분별력을 주십시오. 내 욕심 때문에 생긴 근심이라면 변명하지 않고 회개하겠습니다. 하나님이 주신 근심이라면 변화와 성장의 기회로 삼고 하나님께 더 가까이 갈 수 있도록 열심을 내겠습니다. 지혜의 성령께서 함께해 주시기를 소망합니다. 예수님 이름으로 기도합니다. 아멘.

나의 기도

18 DAY

있는 대로 하라

오늘의 말씀

8장 1절-15절

이제는 하던 일을 성취할지니 마음에 원하던 것과 같이 완성하되 있는 대로 하라.(8:11)

구제는 그리스도인의 덕목 중 하나입니다. 구제는 가진 자가 없는 자에게 시혜를 베푸는 것이 아닙니다. 예수님께서 자신을 비워 우리를 풍성하게 하신 것을 본받는 것입니다(8:9). 같은 하나님의 자녀이면서 한쪽은 풍족하여 낭비하고, 다른 쪽은 부족하여 곤궁함을 당연히 여기지 않는 것입니다. 풍족한 것은 내 능력이 아니라 하나님의 은혜이므로 받은 은혜를 나누는 것을 당연히 여기는 믿음입니다.

그런데 나눔에도 욕심을 내는 경우가 있습니다. 없는 것을 무리해서 내려는 태도입니다. 남들에게 보이기 위해서, 자신의 믿음을 과시하기 위해서 무리하게 물질을 내는 것입니다. 바울은 이렇게 권고합니다. "있는 대로 하라 할 마음만 있으면 있는 대로 받으실 터이요 없는 것은 받지 아니하시리라"(8:12).

하나님은 없는 것을 원하시는 분이 아니십니다. 없는 것을 내려고, 가진 것 이상을 부담하려고 근심하고 있다면 자신의 마음을 살펴보십시오. 내가 받은 은혜의 분량만큼 나누고 싶고, 그들을 돕고 싶은 마음이 크기 때문이라면 하나님께서 능히 감당하게 하실 것입니다.

하나님은 어느 때라도 물질보다 마음을 보신다는 사실을 잊지 마십시오.

오늘의 기도

주님, 헌금을 하고 물질을 나눌 때에 이런저런 계산을 하고 망설일 때가 있습니다. 마음에서 우러나기보다는 의무감이나, 다른 사람들의 눈 때문에 마지못해 내는 때도 있습니다. 주님, 얕은 계산과 어리석은 과시를 버리고, 받은 은혜에 감사하며 기꺼이 나눌 수 있는 믿음을 원합니다. 감사하는 마음으로 나눌수록 주께서 나의 모든 필요를 채우시고 풍성하게 하심을 간증할 수 있게 하옵소서. 예수님 이름으로 기도합니다. 아멘.

나의 기도

19 DAY

선한 일에 더욱 조심하라

오늘의 말씀

8장 16절-24절

이는 우리가 주 앞에서뿐 아니라 사람 앞에서도 선한 일에 조심하려 함이라.(8:20-21)

유대 지역에 큰 홍수가 나서 수재민들이 많이 생기자 바울은 이들을 돕기 위해 각 교회에 헌금을 요청했습니다. 여러 교회들이 이에 호응하여 힘에 닿는 대로 헌금을 했습니다. 이 헌금을 모아서 한꺼번에 보내야 했으므로 그때까지 잘 관리해야 했습니다.

돈을 관리하는 것은 그때나 지금이나 위험하고 조심스러운 일입니다. 돈이 있는 곳에 유혹이 있습니다. 그런 돈의 속성은 인간의 잠재된 욕망과 욕심을 흔들어 파멸로 이끌기도 합니다. 이는 믿는 자라고 예외일 수 없습니다.

바울은 각 교회에서 선출한 믿을 만한 형제들이 공동으로 헌금을 관리하도록 했습니다. 바울이 직접 관리하거나 자신이 뽑은 사람들이 아니라 각 교회가 보증한 사람들에게 맡긴 것입니다. 그래야 큰 돈을 관리하는 데 대한 우려와 의심과 비방을 불식시킬 수 있기 때문입니다.

선한 일이 모두 선한 결과를 내는 것은 아닙니다. 선한 일일수록 그 과정도 투명하고 떳떳해야 합니다. 자신의 마음조차도 보증할 수 없는 것이 사람입니다. 선한 일을 할수록 교만과 독선에 빠지지 않도록 더욱 조심해야 합니다.

오늘의 기도

주님, 선한 일을 하다가 오히려 시험에 빠지는 경우를 종종 봅니다. 선한 일이란 명분으로, 믿는 사람이라는 이유로 명확하게 처리하지 못한 문제들이 얼마나 큰 사고를 일으키고 위기를 가져오는지 잘 압니다. 주님, 무슨 일을 맡든지 하나님 앞에서도, 사람 앞에서도 거리낄 것이 없는 청지기가 되기 원합니다. 주의 일을 할 때에 더욱 지혜롭게 하시고, 그 과정을 통해서도 은혜와 축복이 임할 수 있도록 지켜 주시옵소서. 예수님 이름으로 기도합니다. 아멘.

나의 기도

20 DAY

즐겨 내는 자를 사랑하신다

오늘의 말씀

9장 1절-11절

각각 그 마음에 정한 대로 할 것이요 인색함이나 억지로 하지 말지니 하나님은 즐겨 내는 자를 사랑하시느니라.(9:7)

바울은 고난 받는 형제들을 위한 헌금을 요청하면서, "적게 심는 자는 적게 거두고 많이 심는 자는 많이 거둔다"(9:6)고 말합니다. 이 말은 '많이 내면 복을 많이 받고, 적게 내면 받을 복도 적다'는 뜻이 아닙니다. 이때 적고, 많음은 기쁘게 나눌 수 있는 마음과 물질을 함께 가리킵니다.

하나님은 많이 내는 자가 아니라 즐겨 내는 자를 사랑하십니다(9:7). 그래서 그런 사람에게 모든 은혜가 넘치게 하십니다. 나누었으므로 줄어드는 것이 아니라 더 넉넉하게 축복해 주십니다. 이것이 하나님의 법칙입니다. "심는 자에게 씨와 먹을 양식을 주시는 이가 너희 심을 것을 주사 풍성하게 하시고 너희 의의 열매를 더하신다"(9:10)고 약속하십니다. 이 약속을 믿는 사람이라면 마음과 물질을 인색하게, 억지로 낼 수 없을 것입니다.

그런데 만일 더 큰 것으로 채워 주실 것을 바라고

투자하듯 물질을 낸다면, 그것은 하나님을 시험하는 것입니다. 나눔은 투자가 아닙니다. 믿음은 거래가 아닙니다. 당장 눈에 보이는 것이 아니라, 반드시 이루어질 하나님의 약속을 믿으며 기쁘게 나아가는 것입니다.

오늘의 기도

주님, 바라는 것이 있어 하나님을 시험하거나, 더 큰 것을 얻기 위해 투자하는 마음으로 헌금을 하지 않았는지 돌아봅니다. 인색하게 나누고 억지로 내지 않았는지 생각해 봅니다. 하나님은 많이 내는 자가 아니라 즐겨 내는 자를 사랑하신다는 말씀을 마음에 새깁니다. 많이 가진 자가 아니라 즐겨 낼 수 있는 자가 축복 받은 자임을 깨닫습니다. 무엇이든 필요한 곳에 즐겁게 나누고, 필요한 때에 기꺼이 드릴 수 있는 믿음과 물질을 허락해 주십시오. 예수님 이름으로 기도합니다. 아멘.

나의 기도

21 DAY

감사하면 넘친다

오늘의 말씀

9장 12절-15절

이 봉사의 직무가 성도들의 부족한 것을 보충할 뿐 아니라 사람들이 하나님께 드리는 많은 감사로 말미암아 넘쳤느니라.(9:12)

재물을 나누는 것은 삶의 일부를 나누는 것입니다. 나의 시간을 바쳐 열심히 일해서 얻은 물질을 나누는 것이기 때문입니다. 그래서 바울은 고통 받는 이웃을 물질로 돕는 직무를 수행하는 것이, '복음을 믿고 복종하며 모든 사람을 섬기는 증거'가 된다(9:13)고 말합니다. 믿음으로 복종하지 않으면, 기쁘게 수행하기 어려운 직무이기 때문입니다.

물질을 나누는 것은 아름답고 귀한 직무입니다. 드리는 사람과 받는 사람 모두에게 축복이 되기 때문입니다. 드리는 사람은 드릴 수 있는 은혜에 감사하고 기쁘게 드리므로 하나님의 은혜가 다시 넘칩니다. 받는 사람은 나눈 사람들을 위해 기도하고, 자신에게도 나눌 수 있는 은혜가 넘치기를 간구하게 됩니다. 모두 하나님께 영광을 돌리는 것이므로 모두에게 축복이 됩니다(9:13-14).

감사는 은혜와 축복을 부릅니다. 은혜로 얻은 것

을 기쁘게 나누는 곳에 하나님의 더 큰 은혜가 넘칠 것입니다.

오늘의 기도

주님, 복음 사역을 위해 헌금하는 것은 마땅히 해야 할 의무로 여기면서도, 가난하고 고통 받는 사람들을 돕는 것은 뒤로 미루는 마음이 있습니다. 주님은 '내가 주리고 목마를 때에 돌보지 않았다. 지극히 작은 자 하나에게 하지 않은 것이 곧 내게 하지 않은 것이라'(마태복음 25:42-45)고 하셨습니다. 이제는 지극히 작은 자, 어려운 이웃들에게로 사랑의 손길을 넓히게 해주십시오. 모든 것이 주님의 은혜로 받은 것이니 감사함으로 나누게 하십시오. 물질을 나누는 곳에 하나님의 은혜가 더욱 넘쳐서 나누는 자와 받는 자 모두 하나님께 영광 돌릴 수 있도록 함께해 주십시오. 예수님 이름으로 기도합니다. 아멘.

나의 기도

22 DAY

우리의 무기

오늘의 말씀

10장 1절-6절

우리가 싸우는 무기는 육신에 속한 것이 아니요 오직 어떤 견고한 진도 무너뜨리는 하나님의 능력이라. (10:4)

바울은 고린도 교회 사람들을 사랑했지만, 거짓 복음을 퍼뜨리거나 의심과 갈등을 일으키는 사람들에 대해서는 강경하게 대처했습니다. 세상의 이론으로 그리스도의 복음을 왜곡하는 자들에게 맞서는 것을 두려워하지 않았습니다. 그들의 세력이 강하다고 눈치를 보거나 적당히 타협하려 하지 않았습니다. 바울에게는 아무리 명성 높고, 견고해 보이는 이론일지라도 무너뜨릴 수 있다는 확신이 있었습니다. 자신의 지식과 논리가 아니라 하나님의 능력을 무기로 싸웠기 때문입니다.

바울의 싸움은 반대 세력을 자기 앞에 무릎 꿇게 하기 위한 것이 아니었습니다. 잘못된 이론과 거짓 교사들을 그리스도에게 복종시키기 위한 투쟁이었습니다. 그래서 자기가 가진 이론이나 지식에 의지하지 않고, 하나님의 능력을 구했습니다.

하나님의 능력은 자기 과시를 위해 사용하는 도구

가 아닙니다. 하나님께 대적하는 자들을 무너뜨리는 데 사용하는 것입니다.

때때로 하나님의 능력을 구할 때가 있지 않습니까. 주로 어떤 때에 하나님의 능력을 구하십니까.

오늘의 기도

주님, 내가 원하는 일, 내가 얻고 싶은 것이 있을 때에 하나님의 능력을 구했음을 고백합니다. 하나님의 능력을 나를 위한 도구처럼 사용하려 했던 것을 회개합니다. 이제 나의 유익과 욕심이 아니라 주의 일에 나설 때에 하나님의 능력을 구하고, 두려움 없이 나아가기를 원합니다. 내 머리와 내 지식이 아니라 하나님의 능력으로 세상의 혼란한 이론들과 얕은 술수들을 능히 물리치게 해 주십시오. 잠시 나타났다 사라지는 이론에 현혹되거나 어리석은 지식을 좇지 않고, 주의 길을 따르도록 지켜주십시오. 예수님 이름으로 기도합니다. 아멘.

나의 기도

23 DAY

외모로 판단하지 말라

오늘의 말씀

10장 7절-11절

너희는 외모만 보는도다 만일 사람이 자기가 그리스도에게 속한 줄을 믿을진대 자기가 그리스도에게 속한 것같이 우리도 그러한 줄을 자기 속으로 다시 생각할 것이라.(10:7)

바울은 외모 때문에 부당한 평가를 받곤 했습니다. 바울은 왜소하고 약한 사람으로 알려져 있습니다. 하나님께 기도했지만, 치유 받지 못한 질환도 앓고 있었습니다. 말을 유창하게 잘하지도 못했습니다. 거짓 사도들은 "그의 편지들은 무게가 있고 힘이 있으나 그가 몸으로 대할 때는 약하고 그 말도 시원하지 않다"(10:10)고 폄하했습니다.

그러나 바울은 그러한 평가에 위축되지 않았습니다. 강점인 글을 통해 사도로서의 권위를 당당하게 주장했습니다. 그 글을 읽은 고린도 교회 사람들은 외모나 말로 대했을 때와 전혀 다른 바울의 강력한 힘과 권위에 놀랐습니다. 외모에 치중한 그들의 평가가 잘못되었다는 것을 깨달았습니다.

사람을 외모로 판단하지 마십시오. 때로 외모는 실체를 가리고 진실에 눈멀게 합니다. 멋진 외모를 가진 사람이 능력도 출중할 것이라 생각하거나, 현란한 말 기술을 진실로 착각하기 쉽습니다. 그러나 사람의 능력은 외모가 아니라 그의 믿음과 행함에서 나오는 것입니다. 하나님은 약한 자를 들어 강하게 쓰시는 분임을 잊지 마십시오.

오늘의 기도

주님, 외모로 바울을 판단했던 사람들의 교만과 어리석음이 내 안에는 없는지 돌아봅니다. 주님, 보이는 것에 현혹되지 않도록 내 마음의 중심을 지켜 주십시오. 외모와 인상에서 오는 선입견을 경계하게 하시고, 듣기 좋은 소리보다 말의 내용에 귀를 기울이게 해주십시오. 누구를 만나든지 외모로 편애하지 않고 외모로 차별하지 않도록 마음의 눈을 지켜 주십시오. 주님께서는 약한 자를 들어 강하게 쓰는 분이심을 늘 기억하게 해주십시오. 예수님 이름으로 기도합니다. 아멘.

나의 기도

24 DAY

주께 칭찬 받으라

오늘의 말씀

10장 12절-18절

자랑하는 자는 주 안에서 자랑할지니라 옳다 인정함을 받는 자는 자기를 칭찬하는 자가 아니요 오직 주께서 칭찬하는 자니라.(10:17-18)

칭찬과 인정을 받고자 하는 마음은 누구에게나 있습니다. 칭찬과 인정은 자신의 일에 보람을 느끼게 하고 더 성장할 수 있는 에너지가 됩니다. 그런데 칭찬과 인정은 말과 행동 뒤에 자연스럽게 따라오는 것이지 자기 입으로 떠드는 것이 아닙니다. 자기 자랑은 오히려 독이 됩니다.

사람들의 칭찬과 인정을 받기 위한 어리석은 행동 중 하나가 자기 자랑입니다. 바울은 그런 사람들을 '자기를 척도로 자기를 재고, 자기를 기준으로 자기를 비교하는 자'라고 말합니다(10:12). 자기 기준으로 자기를 칭찬하고 스스로를 추켜세운다는 말입니다. 그러나 사람들은 자기 자랑하는 자를 진심으로 인정하거나 칭찬하지 않습니다. 교만하고 어리석은 속내가 뻔히 들여다보이기 때문입니다.

참으로 인정받는 사람은 스스로 자기를 내세우는 사람이 아니라, 주님께서 내세워주시는 사람입니다

(10:18). 주님은 자랑하는 사람이 아니라 묵묵히 자기 일을 하는 사람을 칭찬하시고 인정하십니다. 그런 사람은 자신이 한 것 이상의 칭찬을 바라지 않고, 다른 이가 한 일이나 모두 함께 한 일의 공로를 탐하지 않습니다. 주께서 모든 것을 알고 계시고, 행한 대로 인정해 주신다는 것을 잘 알고 있기 때문입니다.

오늘의 기도

주님, 내 마음 가운데 사람들에게 칭찬과 인정을 받고 싶은 욕망이 있습니다. 그러나 또한 자기 자랑이 얼마나 어리석은 행동인지도 잘 알고 있습니다. 주님, 사람들에게 인정받기 위해 악하고 어리석은 행동을 하지 않도록 지켜 주십시오. 내 힘으로 일할 수 있는 것에 감사하고, 어떤 일을 하든 일하는 동안 기쁨을 누리는 사람이 되게 해주십시오. 사람들의 칭찬보다 주께 인정받는 사람이 되게 해주십시오. 예수님 이름으로 기도합니다. 아멘.

나의 기도

25 DAY

변함없이 그대로

오늘의 말씀

11장 1절-15절

나는 내가 해 온 그대로 앞으로도 하리니 기회를 찾는 자들이 그 자랑하는 일로 우리와 같이 인정 받으려는 그 기회를 끊으려 함이라.(11:12)

바울은 하늘의 깊은 비밀과 세상의 많은 지식을 알고 있었지만, 교우들의 높이에 맞추어 복음을 전했습니다(11:7). 그러나 고린도 교회는 겸손하게 섬기는 바울보다, 화려한 말로 자화자찬하는 거짓 사도들에게 휘둘렸습니다. 거짓 사도들이 전한 것은 바울이 전한 예수와는 다른 예수, 다른 영, 다른 복음이었음에도 고린도 교회는 그들을 따라가려 했습니다(11:4).

바울은 고린도 교회를 위해 일하면서도 교인들에게 폐를 끼치지 않기 위해서 최선을 다했지만 고린도 교인들은 바울의 배려와 헌신을 알지 못했습니다. 그럼에도 바울의 방식은 '지금까지 해온 대로 해 나가는 것'이었습니다.

빠른 성공에 목적을 두면 선한 방식을 버리고 악한 방식을 따라 하기 쉽습니다. 그러나 바울은 흔들리지 않고 선한 방식을 고수했습니다. 거짓 사도들은 바울처럼 낮아지고 헌신하고 사랑하는 방식을 따라

할 수 없기 때문입니다. 악은 선을 흉내 낼 수 있을 뿐 선을 지속할 수는 없습니다. 처음에는 속일 수 있지만 마지막에는 그들이 행한 대로 그 대가를 치르게 될 것입니다(11:15).

오늘의 기도

주님, 자신의 헌신과 섬김을 모르는 사람들을 보고도, 앞으로도 지금까지 하던 대로 섬김과 헌신의 길을 가겠다는 바울의 선언은, 사람들이 아니라 하나님의 인정을 받기 위해 사는 자의 선언임을 깨닫습니다. 헌신과 사랑만이 거짓을 이기고 구원을 이룰 수 있다는 것을 마음에 새깁니다. 거짓이 잠깐은 이기는 것 같아도 결국에는 그 행위대로 받게 됨을 믿습니다. 쉽게 성공할 수 있다는 사탄의 유혹에 빠지지 않게 하시고 늘 믿음과 사랑의 길을 갈 수 있도록 주님께서 지켜 주십시오. 예수님 이름으로 기도합니다. 아멘.

나의 기도

26 DAY

약한 것을 자랑한다

오늘의 말씀

11장 16절-33절

내가 부득불 자랑할진대 내가 약한 것을 자랑하리라.(11:30)

고린도 교회는 거짓 사도들의 혈통 자랑과 지식 자랑에 미혹되었습니다. 그러자 바울도 자랑을 해보겠다고 말합니다. 바울의 자랑은 바다와 광야를 헤쳐 나가고, 유대인과 이방인에 맞서고, 매 맞고 굶주리고 헐벗으며 목숨의 위험을 무릅쓰고 복음을 전한 것이었습니다(11:26-27).

바울의 자랑은 고난을 이기는 강함이 아니라 자신의 약함이었습니다. 그는 교회를 염려하는 마음을 자랑합니다. 마음이 약해지는 사람을 보면 자기 마음도 아프고 누군가 실족하면 애가 타는 약한 마음이야말로 자신의 자랑이라 말합니다(11:29).

사실 세속적인 기준으로 생각하면 바울은 누구보다 자랑할 것이 많은 사람입니다. 혈통 좋은 가문에서 태어났고 높은 학식을 가졌으며, 율법적으로도 흠이 없었습니다. 그러나 예수 그리스도를 알았으므로 그런 것들을 모두 "배설물로 여긴다"(빌립보서 3:5-8)고 말합니다. 그리스도의 복음 외에 어떤 것도 자랑거리로 여기지 않는 것입니다.

지금 무엇을 자랑하고 있습니까. 지금 무엇을 부러워하고 있습니까. 무엇을 자랑하고, 무엇을 부러워하고 있는지는 자신이 어떤 사람인지를 말해 줍니다.

오늘의 기도

주님, 내 자랑거리가 무엇인지, 내가 어떤 것을 부러워하고 있는지를 생각해 봅니다. 주님, 돈과 명예를 부러워하여 주의 말씀에 눈감고 어리석은 욕망을 좇지 않도록 지켜 주십시오. 세상에서 얻은 성공을 나의 능력, 나의 자랑으로 여기지 않게 하시고, 교만한 마음이 틈타지 않도록 지켜 주십시오. 나의 약함이 하나님의 더 큰 은혜를 임하게 한다는 것을 깨닫게 해주셔서 감사합니다. 예수님 이름으로 기도합니다. 아멘.

나의 기도

27 DAY

내 은혜가 네게 족하다

오늘의 말씀

12장 1절-13절

나에게 이르시기를 내 은혜가 네게 족하다 이는 내 능력이 약한 데서 온전하여짐이라 하신지라 그러므로 도리어 크게 기뻐함으로 나의 여러 약한 것들에 대하여 자랑하리니 이는 그리스도의 능력이 내게 머물게 하려 함이라.(12:9)

바울이 하나님께 간절히 간구한 것이 있습니다. '육체의 가시'라고 표현된 것으로 보아 몸에 병중이 있었던 것으로 보입니다. 바울은 그 가시를 없애 달라고 세 번이나 간구했습니다. 그러자 하나님이 바울에게 응답하셨습니다. "내 은혜가 네게 족하다."

은혜가 족하다는 말은 완벽하게 갖추었다는 뜻이 아닙니다. 지금 그대로 충분하다는 것입니다. 바울만 그런 것이 아니라 우리도 태어난 그대로 충분합니다. 모자람과 넘침, 약점과 고통이 있지만 그 자리를 그리스도께서 채우실 것이기 때문입니다. 우리는 그리스도로 인해 온전해질 수 있습니다.

우리는 강하기를, 능력 있기를, 완벽하기를 구합니다. 병이 낫기를, 고통에서 벗어나기를, 괴로운 일을 피하기를 기도합니다. 기도한 대로 이루어져야만 응답을 받았다고 생각하고, 간구한 것들을 얻어야만 은혜를 받았다고 믿습니다. 그러나 바울의 기도와 하나님의 응답은 그렇지 않음을 보여줍니다. 우리는 약하므로 오히려 강할 수 있고, 부족하므로 오히려 풍족할 수 있습니다. 약하고 부족한 자리에 그리스도께서 계셔서 온전하게 하시기 때문입니다.

오늘의 기도

주님, 육체의 가시를 없애달라고 한 바울의 기도처럼 나에게도 간절히 원하는 것이 있습니다. 하나님께서 이 기도를 들어주시기를 원합니다. 그렇지만 만일 나의 기도가 하나님의 뜻과 다르다면 그 뜻을 깨닫고 온전히 순종할 수 있기를 원합니다. 내가 많은 능력과 힘을 가졌으므로 감사하는 것이 아니라 나의 부족함과 약함을 은혜로 채워 주시고 그리스도 안에서 온전하게 하심을 감사할 수 있도록 성령께서 이 마음을 이끌어 주십시오. 주의 은혜가 때를 따라 임하며, 그 은혜가 언제나 풍족함을 깨달을 수 있도록 인도해 주십시오. 예수님 이름으로 기도합니다. 아멘.

나의 기도

28 DAY

고난보다 두려운 것

오늘의 말씀

12장 14절-21절

다툼과 시기와 분냄과 당 짓는 것과 비방과 수군거림과 거만함과 혼란이 있을까 두려워하고.(12:20)

고린도후서에서 바울은 반어적 표현을 많이 씁니다. 그래서 바울을 자화자찬하는 사람으로 오해할 수도 있습니다. 그러나 바울이 편지를 쓴 이유는 자신의 진심을 전하기 위해서였습니다.

바울은 고린도 교회가 거짓 사도들의 말에 넘어가는 것을 보고 실망했다 말하고, 잘못된 이론에 속는 것을 보고 탄식하기도 합니다. 그리고 자신을 있는 그대로 드러냅니다. 자신의 약점을 숨김없이 밝히고, 마음속의 두려움도 솔직하게 고백합니다.

바울이 두려워하는 것은 비난이나 고난이 아닙니다. 교회가 당을 짓고 서로 비방하고, 자신들의 죄를 회개하지 않는 것입니다(12:20-21). 바울에게 중요한 것은 자신의 위신과 명예가 아니라 고린도 교회를 악한 자들로부터 지키는 것이었습니다. 바울은 자신이 당하는 고난보다 교회가 하나님께 버림받는 것을 더 두려워했습니다.

우리는 무리 짓기나 비방, 교만 등을 가볍게 여기는 경향이 있습니다. 그러나 바울은 그것이 하나님께 버림받을 수 있을 만큼 큰 죄라고 말합니다. 무엇보다 남을 깎아내림으로써 우월감을 얻으려는 교만을 늘 경계해야 합니다. "교만은 패망의 선봉이요 넘어짐의 앞잡이"(잠언 16:18)이기 때문입니다.

오늘의 기도

주님, 일상 속에서 일어나는 비방과 거만함과 수군거림 같은 것들을 가볍게 여겼음을 고백합니다. 사소하게 여기는 그런 행동들이 나의 심령을 혼탁하고 무디게 만들어서 죄를 죄로 여기지 않게 하는 덫이 됩니다. 누군가를 비방하는 말을 들을 때에 함께 수군거리는 자가 되지 않도록 지켜 주십시오. 비방은 시기심과 교만한 마음에서 나옵니다. 눈에 보이는 고난보다 내 안에 있는 악한 마음이 나를 넘어뜨릴 수 있다는 것을 잊지 않게 하시고, 내 마음과 입술을 늘 지켜 주십시오. 예수님 이름으로 기도합니다. 아멘

나의 기도

29 DAY

믿음 안에 있는가?

오늘의 말씀

13장 1절-10절

너희는 믿음 안에 있는가 너희 자신을 시험하고 너희 자신을 확증하라 예수 그리스도께서 너희 안에 계신 줄을 너희가 스스로 알지 못하느냐.(13:5)

하나님께서 우리를 구원하신 것은 우리가 선하기 때문이 아닙니다. 우리가 완벽해서가 아닙니다. 아무리 선하고 완벽하다 자부해도, 행위로 구원 받을 수 있는 인간은 없습니다.

하나님은 우리가 강해서 선택하신 것이 아닙니다. 우리의 약함을 채우시려고 그리스도께서 오셨습니다. 내가 약할 때 내 안에 있는 그리스도의 능력은 더욱 강해집니다. 이것을 의심하지 않고 앞으로 나아가는 것이 '믿음'입니다. 이 믿음을 시험하는 것이 두려움과 고난입니다.

시험은 믿음을 확증하는 도구이기도 합니다. 어려움을 당하고 두려움과 맞서야 할 때 오히려 우리는 우리의 믿음을 확증할 수 있습니다.

우리는 약하고 불완전합니다. 그러나 또한 우리는 그리스도 안에서 성장하고 완성되어 가는 존재입니다. 이 두 가지를 인정하면 시험을 이길 수 있습니다.

"우리가 약할 때에 너희가 강한 것을 기뻐하고 또 이 것을 위하여 구하니 곧 너희가 온전하게 되는 것이라"(13:9).

나의 약함을 두려워하지 말고, 그로 인해 온전하여 지기를 구하십시오. 그리스도께서 약한 것을 온전하게 채워 주실 것입니다.

오늘의 기도

주님, 작은 유혹에도 흔들리고, 선한 일에 망설이고, 앞날에 두려운 마음이 들 때에 나의 연약한 믿음을 한탄하게 됩니다. 그러나 주님께서 이 약한 자를 위해 오셨음을 다시 깨닫습니다. 나는 약하지만 내 안의 주님은 강하십니다. 약한 나를 통해 주님의 큰 영광을 드러내실 것을 믿습니다. 때때로 의심과 두려움이 고개를 들지라도 선한 싸움에서 물러서지 않겠습니다. 나는 연약하나 그리스도의 능력이 나와 함께 하신다는 믿음으로 나아가겠습니다. 예수님 이름으로 기도합니다. 아멘.

나의 기도

30 DAY

하나님이 함께 계시리라

오늘의 말씀

13장 11절-13절

마지막으로 말하노니 형제들아 기뻐하라 온전하게 되며 위로를 받으며 마음을 같이 하며 평안할지어다 또 사랑과 평강의 하나님이 너희와 함께 계시리라.(13:11)

그리스도인은 어떤 일이 일어나든 결국 "모든 것이 합력하여 선을 이룰 것"(로마서 8:18)을 믿는 사람입니다. 고린도 교회에서 일어난 분란도 마침내 선을 이루었습니다. 거짓 사도들이 일으킨 분쟁이 없었으면 허탄한 이론을 물리치고 복음을 확고히 할 수 없었을 것입니다. 시험이 없었으면 가라지와 알곡을 구분할 수 없었을 것입니다.

바울은 분란과 역경 가운데서도 "기뻐하라"고 말합니다. 모든 것이 나에게 유익할 것이기 때문입니다. 고난이 없으면 하나님을 제대로 만날 수 없습니다. 아픔을 겪지 않고는 성장할 수 없습니다. 도전해 보지도, 실패해 보지도 않으면 나에게 주어진 사명과 비전을 찾을 수 없습니다.

우리는 삶의 고난을 통해 하나님을 만나고, 시험을 통해 성장하며, 약함을 통해 온전하게 될 것입니다. 하나님의 사랑과 위로는 환란 중에 임합니다. 역경

후에는 기쁨과 감사가 넘칠 것입니다. 고난과 시험과 역경 이 모든 것이 합력하여 선을 이룰 것입니다.

고린도 후서의 모든 말씀은 하나님이 언제나 우리와 함께하시니 언제나 사랑과 평안을 누리라고 축원하고 있습니다(13:11).

오늘의 기도

주님, 고난 중에도 기뻐할 수 있는 믿음을 구합니다. 나의 좁은 시야와 작은 머리로는 지금의 고난과 고통의 뜻을 헤아릴 수 없습니다. 그러나 '믿음은 바라는 것들의 실상이요 보지 못하는 것들의 증거'(히브리서 11:1)라고 하셨으니, 믿음으로 기뻐하고, 믿음으로 감사하겠습니다. 내 힘은 미약하지만 하나님이 함께하면 능치 못하는 일이 없을 것을 믿습니다. '이 모든 것이 합력하여 선을 이룰 것'(로마서 8:28)을 믿습니다. 주께서 허락하신 오늘을 기쁨으로 살겠습니다. 예수님 이름으로 기도합니다. 아멘.

나의 기도

하루 5분, 위로가 넘치는 묵상 기도문 _ 고린도후서 편
© 분홍소금, 2024

1판 1쇄 펴낸날 2024년 5월 20일

지은이 분홍소금
펴낸이 이용훈

펴낸곳 북스원
등록 제2015-000033호
주소 서울시 송파구 오금로44나길 5, 401호
전화 010-3244-4066
이메일 wisebook@naver.com
공급처 (주)비전북 031-907-3927
ISBN 979-11-92468-16-7 02230

이 책은 저작권법에 따라 보호받는 저작물이므로 무단전재와 복제를 금합니다.
잘못된 책은 구입하신 곳에서 교환하여 드립니다.